浑元
翻子拳

洪常锁 ◎ 著

SPM 南方出版传媒·广东人民出版社

·广州·

图书在版编目（CIP）数据

浑元翻子拳 / 洪常锁著 . — 广州 : 广东人民出版
社 , 2022.1
ISBN 978-7-218-15681-1

Ⅰ . ①浑…　Ⅱ . ①洪…　Ⅲ . ①拳术－基本知识－中国
Ⅳ . ① G852.19

中国版本图书馆 CIP 数据核字（2022）第 006772 号

HUNYUAN FANZI QUAN

浑元翻子拳

洪常锁　著

出 版 人：肖风华

责任编辑：王庆芳　张　瑜
装帧设计：吴光前　李　利
责任技编：吴彦斌　周星奎

出版发行：广东人民出版社
地　　址：广州市海珠区新港西路204号2号楼（邮政编码：510300）
电　　话：（020）85716809（总编室）
传　　真：（020）85716872
网　　址：http://www.gdpph.com
印　　刷：佛山市迎高彩印有限公司
开　　本：889毫米 × 1194毫米　1/32
印　　张：4　　字　数：60千字
版　　次：2022年1月第1版
印　　次：2022年1月第1次印刷
定　　价：48.00元

如发现印装质量问题，影响阅读，请与出版社（020-85716849）联系调换。
售书热线：（020）85716826

个人简介

洪常锁，男，1953年生，汉族，现居辽宁省沈阳市。

高级工程师，退休前任北京中建建筑设计研究院沈阳分院院长。从事建筑设计行业40余年，后期以古建筑设计为主，已建成古建筑有几十个。代表性设计作品有：辽宁省沈阳市大法寺、弥陀寺、怪坡万佛寺、万佛宝塔、实胜寺，辽宁省抚顺市三慧寺舍利塔、承光寺、广济禅寺，辽宁省本溪市桓仁县望天洞景区旅游文化产业园，辽宁省丹东市五龙山灵峰禅寺禅修院净土寺，吉林省延边朝鲜族自治州佛教协会延明寺，吉林省辉南县朝阳寺，吉林省珲春市灵宝禅寺，河北省承德市宗畅寺，西藏自治区定日县关帝庙，浙江省舟山市秀竹禅寺，陕西省西安市圭峰禅寺等。

为了学到建筑艺术的精髓，又自学了易经、天象、道教、佛教、儒学、艺术创造、美术绘画等方面的知识。

社会任职

2015 年由上海市建筑学会主办的"上海市建筑艺术众创平台"正式启动，"洪常锁工作室"为众创平台首批入选工作室之一。

2017 年，被"国家都市更新产业技术创新战略联盟""中国被动式集成房屋材料产业联盟""既有建筑幕墙门窗安全与节能改造专业委员会"聘为专家库专家，建筑、古建筑总设计师。

个人爱好

武术业余爱好者，对中国武术非常喜爱。青年时期跟几位好友学习过武术基本拳法，后自学多家武术基本拳法，与多位武术资深人士有过交流及请教，收获很大。40 多年间翻阅大量武术类书籍，长期对武术搏击格斗动作进行学习研究，并进行了动作的变化组合，经过多年的努力自创编排出六个翻子拳演练套路。内容是在古传翻子拳的骨架招式及传统特色风格基础上，融入其他拳术的技击动作精华，进行了大胆的革新，自成体系，独具一格。

　　武术文化是中华民族的瑰宝，博大精深。武术文化的基础来源于阴阳学说，在阴阳的观念中，宇宙中存在着一对相伴相生、永不停歇、运动中的力量。中国武术讲究阴阳变化、阴阳调和、顺其自然。

　　中国武术的技击技巧不是以力抵力，而是以闪变为进、顺势而攻，习武者所追求的是刚而不僵、柔而不软，如果能柔中带刚防守，则不可攻破。阴阳合一而不对立，能在平衡中拥有平静的状态。

　　浑元是阴阳的源头，有了阴阳变化就有了规律。武术套路的形成也是阴阳文化规律的展现。一个好的武术套路从开始到结束都是体现攻防含义、招式的运用变化，也是武术文化的凝聚。

　　本人喜爱中国武术，更喜爱翻子拳。为了使现今演练的翻子拳套路更加丰富，本人通过不断学习，又经过多年的努力，创编了六个翻子拳套路，本书详细展现其中两个套路。每个套路的动作编排合理，每组动作各不相同，都有其独到的攻防技法，结合到一起就成为变化莫测、内容丰富的拳术套路。每个套路都有各自的艺术风格，演练起来潇洒大方。

由于结合了阴阳学说的哲学思想理论，故起名浑元翻子拳。

浑元翻子拳在拳法搏技中，主要体现刚、柔二法。刚法：脆快一气；柔法：浑厚一气。由此二法结合为一体可产生柔韧劲法（柔中带刚）。

刚法：神气为源、劲力为本、意力合一、气荡丹田、猛起硬落、近逼快攻、攻中有防、御中寓攻。

柔法：以意为源、神气为本、顺变为防、随动为攻、神气意力、通达一体、藏锋不露、圆中取直。

洪常镇

扫码领取
- 站桩方法合集
- 运动安全常识
- 饮食保健科普
- 专属教学视频

目录

第一章　翻子拳基本内容

2　一、翻子拳概述

3　二、浑元翻子拳的理法

5　三、浑元翻子拳的特点

6　四、浑元翻子拳对整体运动技法的要求

8　五、浑元翻子拳对各动作及功法的具体要求

13　六、浑元翻子拳的基本动作

15　七、翻子拳歌诀

17　八、浑元翻子拳基本练习方法

17　（一）基本手法

23　（二）基本肘法

24　（三）基本膝法、腿法

26　（四）基本步型

第二章 浑元翻子拳套路演示

30 一、二趟 – 套路 3

65 二、四趟 – 套路 5

参考书籍

第一章

翻子拳基本内容

一、翻子拳概述

翻子拳的发展演变。古传翻子拳原名"八闪翻"，八闪翻只有八个招式，即"出手打鼻梁、缩手打印堂、解身迎面肘、挑袍双上手、铁翻杆、顺手搂、外上打、双裹手"。并由此演变出脆八翻、挒手翻、清手八招等套路及散手。

"闪"是指翻子拳中的身法、步法、手法，攻取退守疾如闪电。"翻"是指母拳和子拳翻生不息。"八闪翻"是技击性很强的短打类型拳术，它具有疾速多变、拳中套拳的一系列连贯手法。翻子拳是一种套路短、动作灵活、结构严谨、变化巧妙、实用性强的拳法，直冲劈挑，上提下滚，一气呵成。

当前国内传播较广的翻子拳按地域可分为东北地区、西北地区和河北地区。各地区的翻子拳各有特色，均传播广泛。东北地区和西北地区两支翻子拳虽同属一脉，但在套路结构、风格劲力上略有不同。东北地区所传：注重脆快一气、硬起硬落、上提下滚。西北地区所传：已由通备劲演化，注重以腰发力、浑厚一气。河北地区的翻子拳套路短小精悍、动作紧凑。

古传结构形成的基本内容特点：疾、重、硬、灵、巧、刁等。

套路结构有母拳和子拳之分：母拳以直、劈、横、崩、摔、捋、缠为主；子拳以滚、提、旋、穿、漏、砸、撩、弹为主。

古传翻子拳气势逼人，迟、疾、顿、锉节奏分明，讲究直出直入、上提下滚，各种手法如疾风暴雨，整个套路一气呵成。

腋来式（旗鼓式）是古传翻子拳的开门架式，以此式开门，再从中引出不同的变化，动作灵活、结构严谨，而手法变化细腻，运动技击特点等方面都具有独特风格，劲道讲究脆、快、硬、弹。浑元翻子拳是在古传翻子拳的骨架招式及传统风格的基础上，将其他拳术的技击动作精华融入，进行了大胆的革新，自成体系，独具一格。

二、浑元翻子拳的理法

1. **步无定型、身无定势**："步无定型"指拳法在实战中没有固定的步型。任何的脚下移动，均是要求准确地调整在实战过程中的有效攻防距离，要求脚下稳定灵活，如前进、后退、左右、交叉的步法均要准确。"身无定势"指身体运动的起伏、躲闪、转折、连接均体现于身体的位移，身体位移的变化灵活准确，四肢五节发力顺达，身体的拧扭、转换、进退、闪摆圆活自然，起伏迅速，功力雄厚，是显现翻子拳身法的技法。

2. 闪摆取势、翻生不息："闪摆取势"指在双方格斗中往返循环的身体运动要稳定准确，主要取决于步法的移动和身法的位移平稳灵活变化。准确地把握与对方攻防格斗的位置，才能有效准确地攻击。"翻生不息"指自然轻松的身体运动，才能使攻击的目标准确无误，才能做到拳不空发、手不空回，能够运用多变招式攻击对方；做到运用自由，即出拳不崩即挑、不冲即滚，回手不刁即格、不锁即封，上翻下转，往返循环，连续迅猛快速，长短相兼，变化莫测才能够灵活准确地攻击对方，发出连珠炮式的"双拳密如雨，脆快一挂鞭"的招式运用。

3. 直入直出，以快取胜：拳术在实战中以短打为主，以攻为主，以刚为主，近距离贴身作战，注重直入直出，以快取胜，出拳便打，快速进攻，争取主动。拳法中的腿法、身法、步法在应战中运用注重快速变化。拳打迅雷不及掩耳，也就是"不招不架只是一下，犯了招架就是十下"。出拳速度要求每秒冲出五拳以上。

4. 身法、步法的转换变化应沉稳力整：注重身法、步法的转换，也就是角度、弧度的绕变。攻击、防守当中调整步法非常重要，此拳法是以前脚为轴，后脚转动来调整攻击目标，稳扎稳打，沉着应战，不动如山，动如闪电，克敌制胜。

5. 紧逼强攻，以功力取胜：功力体现于基本功的扎实，基本功是指"内练一口气，外练筋骨皮"。基本功的练习主要有站桩、打桩的练习。俗云，练拳不练功，到老一场空。站桩基本功的练法简单、易学、好练，内容有：一步一拳、一步二拳、一步三拳，劈法、崩法、挑法。只要踏踏实实地练久了，就会增强拳法功力，能使身体协调、脚下生根，步法下盘稳固，所谓动若迅雷、稳若泰山。

打桩基本功练习主要是练铁臂功、车轮功，练久了会增强身体的抗击打能力，使身体各部位更坚实，使筋骨肌肉结实、血气旺盛，增强身体素质，全身肌肉练成肌腱，不怕磕碰踢打。

此拳法属于短打类重拳技击性较强的拳术，没有花架子，全是实战招式。动作招式又采取别的拳种中的技法之长补己之短。

三、浑元翻子拳的特点

1. **一式多法、一法多用、多法合用。**浑元翻子拳是一种短促多变、近战快打的拳种：在每个招式中均含着多种技法，如出手为招变手为式，一招一式变化莫测，此手法灵活、力足劲整，在应用上愈显其妙法，手见手无处走，愈贴近愈易胜，手手相连，招招相续。闪摆取势、翻生不息的技法，要求前后、左右、上下、中双的技法，能够随机应变、

上翻下转、连势迅猛地变化应用。

2. **轻便敏捷、运用自然**：拳法在技击时要求眼要明，步要轻，腰要活，身要灵，出手要快，出招变化准确灵活，伸手入手得法，招式变化微妙，以居中之法为主。

3. **紧逼强攻、势如破竹**：拳法在格斗中，在气势上要求势如破竹以紧逼强攻，争取主动，即出拳便打，左右开弓，硬起硬落，脆快一气吞吐发力，劈砸迅猛，俯伏闪动，气势雄厚。

4. **往返连环、步疾手快**：拳法要求以快为主，要求打要快、变要快、闪要快，在步法的移动中要求往返连环，衔接迅速，在步法、手法密切配合的条件下做到"双拳密如雨，脆快一挂鞭"的技法。

5. **变化莫测、神妙无穷**：拳法技能的变化应忽上忽下、声东击西、疾如闪电、变化莫测、神妙无穷。

四、浑元翻子拳对整体运动技法的要求

练习翻子拳时，只练习外功而缺少内功的练习，则难以登峰造极，但只有内功而无持之以恒的外功训练，则难避撞击之危。如果能够内外兼习，互相为用，自然坚如铁、软如棉，刚柔相济，表里如一，然后扩而充之，神而化之，才能真正领会传统武术技击的真谛和奥妙。

翻子拳要求内外合一，很重视内功练习。内功以练气为重。气为力量的先导，无气则不能有力。练气分为两种，即养气和练气。养气，即用静坐之法，使气凝而不散；练气，即以运气为主，使气运达周身。气又有呼吸之分，呼为阳，吸为阴；呼为动，吸为静；呼为刚，吸为柔。合阴、阳、动、静、刚、柔才能实现其作用。气运使不可以逆行，必须顺其运行规律。气的运行顺畅，则五脏六腑舒畅；若逆行，则内脏各部受害，反而有损健康。练拳时，呼吸自然，逢敌则气凝于内，击敌则气发于外，虽钢皮铁骨，莫不应手而倒。

　　外功以气为主，以血为辅。气为血之先导，因此气充盈而血流顺畅，气盛则身体健壮。然而，气盛力大，但皮肤筋骨却没有经过抗击打能力的训练，在实战中经不起击打，仍然达不到实用效果。所以，拳谚"内练一口气，外练筋骨皮"就是这个意思。翻子拳很注重外功练习，如练铁臂功、车轮功法是要增强身体抗击打能力和两臂的抗击力。长久练习会使筋肉结实、血气旺盛，增强身体素质。在练铁臂功、车轮功法之前，先练内功（即站桩）。用气将血液运至某部之后，再对该部的皮肤筋骨进行抗击打能力的训练。练外功须有一定的训练程序和训练方法：①须先练内功，以壮其气；②以掌操搓之，以活其血；③以木棒擀之，以坚其骨肉；④以掌及木棒击之，以锻炼其皮肤；⑤以砂囊及铁丝捆击之，以巩固一切。

五、浑元翻子拳对各动作及功法的具体要求

"手眼身法步，精神气力功"，就是浑元翻子拳功法的精华。可以说"手眼身法步"是拳法外在形态的要求；而"精神气力功"则是拳法内在功法的体现。

下面对"手眼身法步"的技术内容逐一介绍。

1. **手法**：手法根据不同技法，随其动势的变化而各有要求。浑元翻子拳手法以拳、掌为主。

拳：俯拳（拳心朝下）；仰拳（拳心朝上）；立拳（拳眼朝上）。

掌：八字掌；瓦楞掌。

各种手型在拳法中的应用要求：在劲力上的应用，手法要求是发于腰，传于肩，催于肘，达于手。因此在拳术练习和实战过程中，要达到手法突变、攻势凌厉、协同互用，就必须使腰灵胯活，肩背顺展，手臂运用自如，手型相机而变、迅疾而发。同时，要达到防护得法、攻之有效的目的，还必须加强"外功法"的练习，进行各种手型的"功力"锻炼。拳法实战中要求以"刚劲"为主，也要体现"刚柔相济"的要求。

2. **眼法**：在拳术中，眼法是体现神态和实施战术的关键，它要求手似箭，眼似电，手眼相跟，随身变。眼神变化是随武术攻防方向做相应变化的，因此一招一式都需要与眼神相配合。眼法的变化与动作的密切配合，可以使拳术形神兼备、气势饱满，拳法协调一致，让人有更充实、清晰、威严的精神和艺术的展现。在实战技术中，用眼神有效地目测距离，判断对方所使用的招法、技法的变化，对采取有效的攻击手段和防御的应用都将起到直接的作用。它有利于战术上的先发制人、后发先制作用。"拳法之神，眼为先"，"眼为心之苗"，"眼到手到方为妙"和"拳似流星，眼似电"来描述眼法在实战和训练中的重要作用。

3. **身法**：拳术的身法是以腰部为中心的拳术动作相互配合，与攻防协调变化的方法。浑元翻子拳的身法主要有：闪、摆、吞吐、顿挫、起挪。在拳法中有"上下九节劲，节节腰中发"的讲法，掌、腕、肘、肩、背、腰、胯、膝和脚为九节。

练拳不活腰，终究艺不高。起于足眼，强于腰间，发于手足。因此，要想使身法闪展灵活、进退得法、吞吐自如，就必须加强腰部及胸、背、腹、胯各部位的柔韧性和力量的锻炼。使上述部位均能有效地协调人体以腰部为中心的形态变化。在上下肢动作的共同配合下，身体才能够做到灵活自如，协调一致，整齐划一，重心扎实、稳健。这样才能在具体的拳法应用上，形成动势多变、腰身灵活、虚实互用、刚柔相济、劲力顺达的拳法动态。

4. **方法**：拳术的方法主要体现为踢、打、摔、拿主要

技法的具体应用过程。在拳法套路形式中，强调拳打一条线，是说拳术中的起、落、进、退、闪展、顿挫、挪等具体方法的应用，均要在定的回旋范围内"曲中求直"。每一个动势的形式，要使手位、脚位、头位（鼻端）垂直一线。使其拳法动势疾中求平稳，动中求端正。在技击战术上讲究远之拳足、近之膝肘、靠之以擒。又讲究：避实击虚、快攻猛进、声东击西、指上击下、力求准确、因势力导、刚而不僵、柔而不滞。

5. **步法**：拳术的步法，讲究进步迅疾、轻灵稳定、进退有法、落步有根。具体步法有跟步、跨步、纵跳步、闪展步、行舟步、移步、绕步、丁步等。这些步法的应用在拳术演练及实战过程中，要求全身上下各个部位都要协调一致、相互配合。在具体灵活变化的步法基础上，使各动势的攻防含义顺利到位，因此步法训练应用的优劣，直接影响到动作的协调，战术的配合及效果。

在日常训练中，第一，必须加强步型的训练，使其各势规则，步型变化稳固，这样才能在拳术中正确地体现劲力的发挥、重心的稳实，在实际运用中才能显示步法在配合攻防动作中的作用。第二，必须加强步法的转换变化能力和加强速度的训练。这样才能使动作不僵滞、不迟缓，在动作中才能使各种步型相互衔接得法，步法运用自如，灵活多变，上下一劲，迅疾而发。第三，必须加强步法与拳法具体运作的配合，从实战攻防意识出发，使左右闪摆、进退灵活、防中寓击、击中寓防的招式动作密切配合，使手法、眼法、身法、方法、步法合为一体，形神合一。在实用中体现出拳术的刚劲充实、深入浅出、实战性强的特点和招式运用有法的理想战术状态。

下面对"精气神力功"的功法内容逐一介绍。

1. **精**：拳法以养身练精为本，聚精凝神，稳实轻柔。精满则气壮，气壮则神旺，神旺则身健，耳聪目明，可以使人精神焕发，头脑清醒，有益于提高全身器官的机能，培养人的内在精神，使人精神振奋。

2. **气**：以气为先，意领身随，柔巧沉静，出其不意，以柔制刚，攻势沉稳、迅疾、瞬息即变。

3. **神**：意念为先、取势轻灵、不僵不滞、以柔克刚、神态充足。

4. **力**：以气催力，发力迅猛，腰身转换灵活，拳法横抽、坚劈，猛起硬落，锐之凶悍，是增强力量和近身搏斗的拳法。

5. **功**：头正身直，全神贯注，意念传导，"内外一体，气力合一，以声助力"，顺乎自然，意于丹田，气至鼓荡，力求自然，互为表里，劲力顺达。身法稳固，气息顺通，功法扎实、灵活、劲力充足。练拳不练功，交手下盘松；练拳又练功，根基如山重。

功法的练习训练，应是在由慢到快、由轻到重、由点到面的原则下，进行有目的、有意识、有方法地练功，使之做到发力完整、劲力透达。

在做相互打击功法时，要尽量做到"劲力之源，起于涌泉，发于胯膝，运之丹田，透于腰脊，活于肩背，通达臂肘，形于腕手"，并且精神、气力、功法相合，用力适当，击点准确。

在练功中，务必要做到：意到、气到、声到、劲到、势到，"内外合一，力力一体，以声助力"，内功配合（心与意合、意与气合、气与力合）内三合。

练功前要求全身肌肉放松，精神集中，以达到松沉、稳实，使情绪稳定，神态自然。

意念和呼吸："体宜松、气宜固、神宜凝"，"气固身自稳，神静体自安"，"打拳莫憋气，憋气必伤身"，"纳为张弓，吐若发机"。

技术和要领："顶平则头正，肩平则身正，腿平则劲正，心平则气正"。桩功练习时，要虚领顶颈，两唇微闭，舌抵上颚，下颌内收。身体要自然正立，全身放松，沉肩提裆，精神集中，意守丹田。"文武之道，一张一弛"，绳锯木断，水滴石穿，铁杵磨针，功到自然成。

锻炼与功效：马步桩功的练习，能使全身内外都得到锻炼，可增强臂力腿力，提高弹跳力和脚趾的抓力，锻炼底盘功夫，培养正确的体态、姿势，增强两臂、腰背、腹部、胯部及各关节肌肉的力量和灵活性。"精神贯注，意守丹田"，站桩后身体轻松，头脑清醒，情绪安稳、愉快。

技击桩的功法练习，是武术实战的基本功法姿势，它不仅可以进入迅速的进攻，而且可以有效地防御。

六、浑元翻子拳的基本动作

1. 基本手型

（1）拳　　俯拳：拳心朝下

　　　　　　仰拳：拳心朝上

　　　　　　立拳：拳眼朝上

（2）掌　　八字掌；瓦楞掌

2. 基本手法

（1）拳法：冲、挑、栽、扫、劈、翻、崩、砸、摆、勾、撩、贯、撞。

各种拳法的应用：在劲力上要发于腰，传于肩，催于肘，达于手。在拳术练习和实战过程中，要达到手法突变、协同互用、攻势凌厉，就必须使腰灵胯活，肩背顺展，手臂运用自由，手型相机而变、迅速而发，达到防护得法、攻之有效的目的。

（2）掌法：推、拍、扇、按、压、托、穿、挑、插、

砍、撩、劈、捋、架、扫、格、挂、扑、拦、搂等。

掌法在实战过程中做到发力迅猛、顺肩拧腰、顺势灵变、虚实并用、收时含击。

3. **基本步型**：弓步、马步、半马步、仆步、跪步、虚步、插步、丁步。

4. **基本步法**：闪步、旋步、窜步、转步、行舟步（滑步）。

5. **基本腿法**：丁腿、点腿、踹腿、截腿、勾腿、扫腿、蹬腿。

6. **身法**：拳脚身法以闪转为主，要求疾闪速进、手进足凑、步移身挤。

7. **基本练习**：一步二拳、一步三拳、百把功、抢臂、劈砸、翻拳。

8. **劲法**：要求脚、腿、胯、腰、膀、臂、肘、腕合为一体，发出招式劲由腰发，含胸拔背，拧腰切胯，身体自然放松，各种招式的发劲要明确，如劈拳、翻拳要有弹沉劲，崩拳要有弹炸劲，钻拳要有拧透劲，扫拳要有鞭劲，直拳冲拳要有冲透劲，引手接手要有托压劲，交接变化手法要有柔韧劲。

9. **交接手变化**：直者必滚、穿者必缠、挑者必砸、擓者必翻、圈者必弹、疾而沉着、密而不乱。

七、翻子拳歌诀

《浑元翻子拳歌》

直出直入上下变，劈横崩竖扫为鞭。

上冲下滚翻砸力，扭转栽插中下钻。

一放一收截捋带，粘连缠化顺拦旋。

步移身闪勾摆打，意力合一脆快攻。

气沉丹田攉挑技，神气意力合真拳。

劈砸攉挑翻崩滚钻截拦。

（作者整理）

《桩法》

桩法稳，力就强，十趾抓地不摇晃。

不弓不马半马步，两腿相距要得当。

前脚微扣后脚顺，两脚顺站要扣裆。

两臂平举分前后，双拳紧抱对前方。

含胸拔背气下沉，两眼平视注前方。

最忌塌腰背不直，臂部上翻法不良。

上体松静无拙力，全身重量步中央。

（于柏谦先生整理）

《翻子拳歌》

武穆留下翻子拳，直出直入妙含玄。

忽进忽退应机变，亦刚亦柔巧连环。

动如迅雷难掩耳，静如五岳稳如山。

虚虚实实难招架，指上打下手飞翻。

旱地行舟是壮法，一步三拳是根源。

车轮功练铁罗汉，再练铁臂无遮拦。

三感五节是要诀，周身气力发涌泉。

内有七拳成绝艺，直劈横崩摔捋缠。

直拳打法最简便，不招不架直向前。

泰山压顶用猛劈，连劈带挑是截拦。

横能破竖竖破横，横出直入暗舒肩。

崩拳就是挑打式，连挑带砸防护严。

摔拳本是翻拳变，上拦下滚左右旋。

捋手本是顺手带，一收一放紧相连。

缠拳要用缠化劲，缠劲发出是粘连。

遇敌应知稳准狠，心慌意乱败之源。

最忌一发即深入，出手等于非真传。

拳打架式招打快，练到无拳是真拳。

（于柏谦先生整理）

八、浑元翻子拳基本练习方法

（一）基本手法

直拳

劈拳

翻拳

砸拳

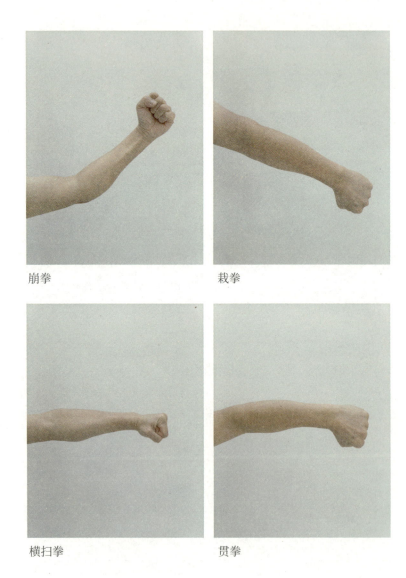

崩拳

栽拳

横扫拳

贯拳

勾拳

摆拳

挑拳

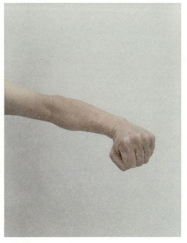

截拳

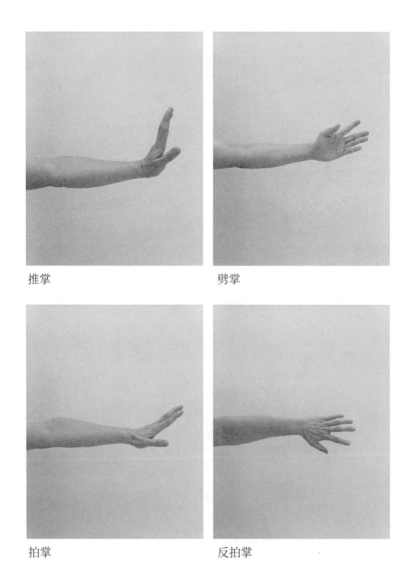

推掌

劈掌

拍掌

反拍掌

20

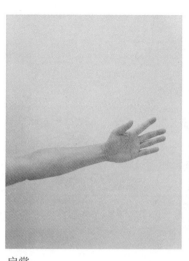

扇掌

摔掌

穿掌

托掌

插掌

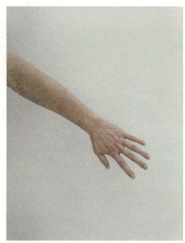

反插掌

捋手

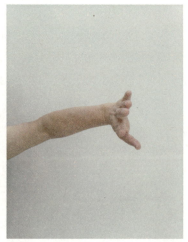

缠手

（二）基本肘法

顶肘

挑肘

压肘

格肘

（三）基本膝法、腿法

顶膝　　　　　　　　　　侧顶膝

丁腿

蹬腿

点腿

侧踹腿

截腿

勾腿

（四）基本步型

弓步

马步

半马步

虚步

丁步

跪步

插步

横裆步

用浑元翻子拳
练就强壮体魄

微信扫描本书二维码，获取科学养生之道

智能阅读向导为读者提供以下服务

- **站桩方法合集**：提供详细站桩方法，协助读者练好内功
- **运动安全常识**：帮助读者了解运动中的注意事项
- **饮食保健科普**：提供饮食保健百科，帮助读者吃出健康
- **中医气血养生**：指引读者树立正确的健康认知理念
- **中医养生音乐**：经典黄帝内经养生音乐，修身养性
- **经典武术电影**：培养读者对武术的了解和热爱

·············· 还为购买本书的读者提供 ··············

【专属教学视频】提供本书专属教学视频，帮助读者练习

操作指南

① 微信扫描下方二维码，选取所需资源。

② 如需重复使用，可再次扫码或将其添加到微信"📦收藏"功能。

扫码添加智能阅读向导

第二章

浑元翻子拳套路演示

图1 ▶ 并步直立

图2 ▶ 右手下按，左托引手

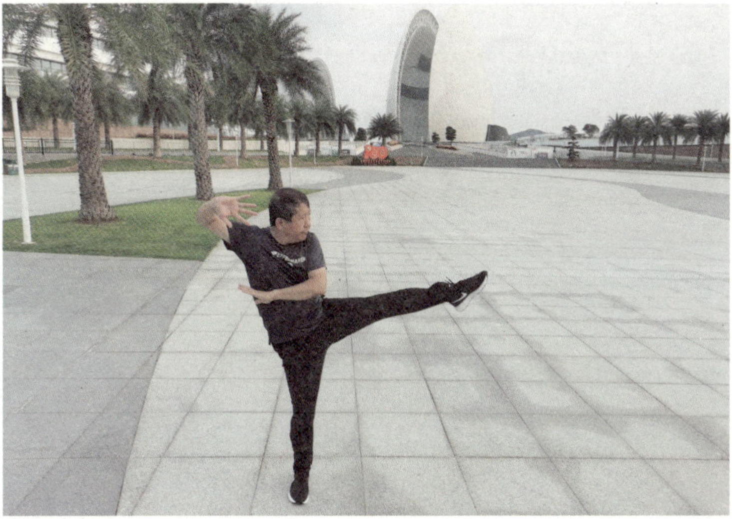

图 3 ▶ 震右脚，左手回按，右手捋带，左弹踢

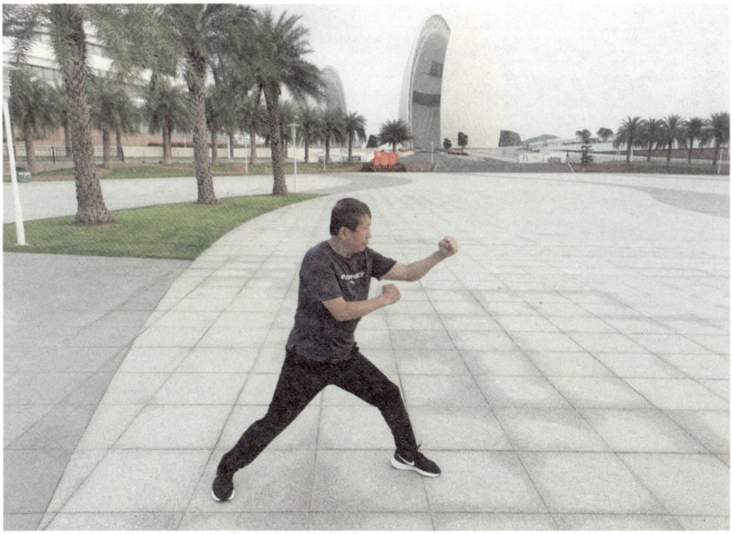

图 4 ▶ 左脚前落，左半马步，左立拳擢挑

图 5 ▶ 右脚后撤一小步，左脚后滑一小步，左手回下带，右手下按

图 6 ▶ 左脚前上一小步，右脚前滑，左手从下往上前劈，右手后上举

图 7 ▶ 上右半马步，右手从上往下抢劈，左手上挑

图 8 ▶ 上左半马步，右手下按，左手前拍抹

图 9 ▶ 上右弓步，左手抹按，冲右直拳

图 10 ▶ 上左弓步，右手按压，冲左直拳（压打）

图 11 ▶ 左弓步，右手上挑，左手下按

图 12 ▶ 左弓步，右手下按，冲左直拳（挑打）

图 13 ▶ （快打三拳）上右弓步，左手抹按，冲右直拳（第一拳）

图 14 ▶ 右弓步，右手下按，冲左直拳（第二拳）

图 15 ▶ 右弓步，左手下按，冲右直拳（第三拳）

图 16 ▶ 上左弓步，左上撩拳，右手上拍左小臂

图 17 ▶ 提右膝，双手从上往下后斜分掌

图 18 ▶ 上右弓步，右手从后往前下撼挑，左手按拍右小臂

图 19 ▶ 上左弓步，右手下按，冲左直拳

图 20 ▶ 身体下沉，左半马步，右手下压左小臂，左下砸拳

39

图 21 ▶ 上右弓步，左手下按，右拳前平扫

图 22 ▶ 回撤右腿，左半马步，右平扫拳变掌回搂抱，左手合抱，左手下
压右小臂

图 23 ▶ 上左弓步，右手回按，左摆拳

图 24 ▶ 左手下压，右立撅挑拳，踢右蹬脚

图 25 ▶ 右脚落地变马步，双手合抱，左转身

图 26 ▶ 左转身，左扫腿，左横扫平拳（拳腿一起扫），左半马步，右手
下压

图 27 ▶ 上右弓步，左手下按，右手摆打

图 28 ▶ 右弓步，左手下压，右上翻拳

图 29 ▶ 上左半马步，右手下压，左手下栽拳

图 30 ▶ 左弓步，右手下按，左拳上挑

图 31 ▶ 上右弓步，左手下按，冲右直拳

图 32 ▶ 左脚上半步，右腿后撤，左弓步，右手回按，冲左直拳

图 33 ▶ 上右步，提左膝，双手上前举（双扑掌）

图 34 ▶ 上左步，提右膝，双手下按压（双捋手下按）

图 35 ▶ 上右弓步，双冲直拳（双撞）

图 36 ▶ 上左弓步，右手下按，左前拍左掌

图 37 ▶ 右脚上半步，左腿后撤步，左手下压，推右掌

图 38 ▶ 上左半马步，右手下压，左压肘

图 39 ▶ 上右弓步，左手拍按右小臂，冲右直拳

图 40 ▶ 身体下沉，右半马步，左手扶压右小臂，右拳下砸

图41 ▶ 右弓步，左手扶按右小臂，冲右直拳

图42 ▶ 左后转身，右手下按，左横扇掌

图 43 ▶ 上右弓步，左手下按，右掌前拍

图 44 ▶ 左脚后撤一小步，右脚后滑一小步，左手前压，右手回带

图 45 ▶ 右脚前上一小步，左脚前滑，右掌从下往上前劈，左掌后上举

图 46 ▶ 左掌从上往前抡劈，右掌后举

图 47 ▶ 右腿后撤跪步，右掌从上往下抡劈，左手上挑，左腿弓脚外撇

图 48 ▶ 上右弓步，左手下按，右掌上挑

图 49 ▶ 上左弓步，右手下按，左掌托穿

图 50 ▶ 上右弓步，左手下按，右掌托穿

图 51 ▶ 右手下压，左推掌，左脚丁踢

图 52 ▶ 左腿落地脚外撇，右腿后插（倒插步），左手下按，右推掌

图 53 ▶ 左腿后蹬，右弓步，右手下压，左推掌

图 54 ▶ 左后转身左弓步，左右掌变拳，左拳左转上前翻砸，右拳后栽

图 55 ▶ 左弓步，右拳从下往上前翻砸，左拳后栽

图 56 ▶ 震左脚，右脚扣于左腿窝处，右小臂下压，左小臂上架

图 57 ▶ 上右弓步，右前挑肘，左拳后栽

图 58 ▶ 上左弓步，左前挑肘，右拳后栽

图 59 ▶ 上左弓步，左手下压，右摆拳

图 60 ▶ 右腿往右前上步，左腿跪步，左冲平拳，右手下按

图61 ▶ 上左弓步，右手下压，左直崩拳

图62 ▶ 左手下压，右手前穿，右脚蹬踢

60

图 63 ▶ 上左半马步，左手前穿，右手上架

图 64 ▶ 上右半马步，左手下按，右拳劈砸

图 65 ▶ 上左弓步，右手下按，冲左直拳

图 66 ▶ 上右弓步，左手下压，冲右直拳（压打）

图 67 ▶ 右弓步，左手上挑，右手下按

图 68 ▶ 右弓步，左手下按，冲右直拳（挑打）

图 69 ▶ 左后转身，左半马步，左立拳擢挑

图 70 ▶ 收式，并步直立

图1 ▶ 并步直立

图2 ▶ 右手下按，左引托掌

浑元翻子拳

图 3 ▶ 震右脚，左弹腿，右手上抄，左手下压

图 4 ▶ 左脚前落，左半马步，左立拳擢挑

图 5 ▶ 上右弓步，右手前穿，左手下按

图 6 ▶ 左腿左前上步，左腿弓，右腿跪步，右手往下往右横推掌，左手
　　　往上前再往左上穿掌

图7 ▶ （快打三拳）上右弓步，左手下按，冲右直拳（第一拳）

图8 ▶ 右弓步，右手下按，冲左直拳（第二拳）

图 9 ▶ 右弓步，左手下按，冲右直拳（第三拳）

图 10 ▶ 上左弓步，右手下按，冲左直拳

图 11 ▶ 左脚上一小步，左腿弓，右腿跪步，左拳上架，冲右直拳

图 12 ▶ 左手下压，右手托穿，右脚滑地向前踢右丁脚，左腿站稳

图13 ▶ 上右马步，左手下按，右顶肘

图14 ▶ 右弓步，左手下按，右翻拳

图 15 ▶ 上左半马步，右手下压，左栽拳

图 16 ▶ 上右弓步，左手下按，右勾拳

图 17 ▶ 上左弓步，右手下按，冲左直拳

图 18 ▶ 右腿前上半步，左腿后撤步，右弓步，左手回按，冲右直拳

图 19 ▶ 左转身，马步，双手合抱

图 20 ▶ 左前扫腿，左扫平拳（拳腿一起扫），左弓步，右手下按

图21 ▶ 上右半马步，左手下压，右平拳前扫

图22 ▶ 右弓步，左手下压，右拳变掌向上扇击

图 23 ▶ 上左半马步，右手下按，左穿掌

图 24 ▶ 左脚转，上右马步，左手上架，右横推掌

图 25 ▶ 左转左弓步，右手下压，左掌向上扇击

图 26 ▶ 左半马步，右手下压，左手下捋按

图27 ▶ （快打三拳）上左弓步，右手下按，冲左直拳（第一拳）

图28 ▶ 左弓步，左手下按，冲右直拳（第二拳）

图 29 ▶ 左弓步，右手下按，冲左直拳（第三拳）

图 30 ▶ 上右弓步，左手下压，右摆拳

图 31 ▶ 上左弓步，右手下压，左勾拳

图 32 ▶ 上右弓步，左手下按，冲右直拳

图 33 ▶ 左腿上半步，右腿后撤步，右手下按，冲左直拳

图 34 ▶ 上右弓步，左手下按，右穿掌

图 35 ▶ 左脚后撤一小步，右脚后滑一小步，右半马步，右手回带，左手下按

图 36 ▶ 右腿前上一小步，右弓步，右手从下往上前劈，左手后上举

图 37 ▶ 上左半马步，左手从上往前下抡劈，右掌上挑

图 38 ▶ 上左弓步，右手下按，左手上挑

图 39 ▶ 上右弓步，左手下按，右手拨拍

图 40 ▶ 右手下压，左脚蹬踢，左手托穿

图 41 ▶ 上右弓步，左手下按，右推掌

图 42 ▶ 右弓步，左手上拨按，右掌下回按

图 43 ▶ 上左弓步，左手下按，右手上拨按

图 44 ▶ 上左弓步，右掌下按，左推掌

图 45 ▶ 上右弓步，左手下按，冲右直拳

图 46 ▶ 提右膝，左手下压，右拳回带

图 47 ▶ 右弓步，左手下按，平扫右拳

图 48 ▶ 右弓步，左手下按，右手托穿

图 49 ▶ 上左弓步，右手下按，冲左直拳

图 50 ▶ 上右弓步，左手下按，冲右直拳

图 51 ▶ 左转身左半马步，右手下按，左手托穿

图 52 ▶ 左手拨，右手平抹，左侧蹁腿

图 53 ▶ 上左弓步，右手下按，冲左直拳

图 54 ▶ 左手下按，右手上托，右脚蹬踢

图 55 ▶ 上右弓步，右手下按，左横推掌

图 56 ▶ 上左弓步，左手上架，右切掌

图 57 ▶ 上左弓步，右手下压，左手直穿

图 58 ▶ 上右弓步，左手下压，右手直穿

图 59 ▶ 震右脚，左脚扣于右小腿内侧，右手下压，左手上托

图 60 ▶ 上左马步，右手下按，顶左肘

图 61 ▶ 右腿后插步，右手下按，左拳后平扫

图 62 ▶ 右转右马步，左手下按，右顶肘

图 63 ▶ 右腿不动，左腿前插，右扫平拳，左手下按

图 64 ▶ 左转身，左弓步，左平拳平扫，右手下按

图 65 ▶ 上右弓步，左手下按，冲右直拳

图 66 ▶ 左腿上半步，右腿后撤步，左弓步，右手下按，冲左直拳

图 67 ▶ 双手从下往前上双扑掌，上右弓步

图 68 ▶ 左提膝，双手从上往下捋按，右腿直立

图 69 ▶ 上左弓步，双掌变拳向前双撞摆拳

图 70 ▶ 上右弓步，右手前穿，左手下按

图 71 ▶ 上左马步，右手上架，左横推掌

图 72 ▶ 上右弓步，右手前劈，左手扶按

图 73 ▶ 右马步，左手上架，右横推按掌

图 74 ▶ 上左弓步，左手前劈，右手下按

图 75 ▶ 左马步，右手上架，左横推按掌

图 76 ▶ 上右弓步，右手前劈，左手下按

图 77 ▶ 后撤右腿，左弓步，右手上架，左手前穿

图 78 ▶ 右手拨按，左手上捋，右侧踹腿

图 79 ▶ 上右弓步，左手下按，冲右直拳

图 80 ▶ 上左弓步，右手下按，冲左直拳

图 81 ▶ 右脚后撤一小步，左脚后滑一小步，左手回带，右手下按

图 82 ▶ 左腿前上一小步，左弓步，左手从下往上前劈，右手后举

图83 ▶ 上右半马步，左掌上挑，右掌从上前下抡劈

图84 ▶ 右弓步，左掌下压，右掌上挑

图 85 ▶ 上左弓步，右手下按，左掌前拍

图 86 ▶ 上右弓步，左手下按，右推掌

图 87 ▶ 左插步，右手下按，左手平抹

图 88 ▶ 右腿后蹬，左手下压，右推掌

图 89 ▶ 右转右弓步，右后横扇掌，左手下按

图 90 ▶ 右半马步，左手下按，右掌下拍压

图 91 ▶ 上左弓步，右手回下按，左推掌

图 92 ▶ 左弓步，左手下按，右手前拍抹

图93 ▶ 上右弓步，右手下按，左手前拍抹

图94 ▶ （快打三拳）上右弓步，左手下按，冲右直拳

图 95 ▶ 右弓步，右手下按，冲左直拳

图 96 ▶ 右弓步，左手下按，冲右直拳

图 97 ▶ 上左弓步，左翻拳，右手下压

图 98 ▶ 上右弓步，右崩拳，左手下按

浑元翻子拳

图 99 ▶ 上左弓步，右手下按，冲左直拳

图 100 ▶ 右腿前上半步，左腿后撤，右弓步，左手下按，冲右直拳

114

图 101 ▶ 左转身，左半马步，左立拳擢挑

图 102 ▶ 收式，并步直立

115

参考书籍

薛仪衡等:《通背拳、翻子拳、劈挂拳》,江西科学技术出版社 1987 年版。

陈亚斌:《三秦武术》,人民体育出版社 2010 年版。

秦庆丰:《少林五形八法拳》,中国展望出版社 1986 年版。

扫码领取
・站桩方法合集
・运动安全常识
・饮食保健科普
・专属教学视频